DES REPORTS

A LA BOURSE

TABLE SOMMAIRE.

Paris. — Typographie HENNUYER, rue du Boulevard, 7.

DES REPORTS

A

LA BOURSE

CONSIDÉRÉS AU POINT DE VUE DE LA PRATIQUE
ET DE LA LÉGALITÉ

PAR M. MOLLOT,

Conseiller à la Cour impériale de Paris.

—◦◦◦—

DEUXIÈME ÉDITION.

—————

PARIS

AUGUSTE DURAND, LIBRAIRE, | BESTEL ET C*, LIBRAIRES,
7, RUE DES GRÈS. | 7, RUE DE LA BOURSE

1861

DES REPORTS

Nous désirons parler , avec quelque développement[1] , des Reports qui sont devenus si fréquents à la Bourse depuis plusieurs années, et qui sont encore peu connus dans leur condition régulière et légale.

En effet, les lois spéciales sur la Bourse ne s'occupent pas d'eux nommément. Ils ne résultent que d'une certaine combinaison adoptée dans la pratique des affaires qui s'y traitent.

On attribue aux Reports un objet qu'ils n'ont pas en réalité. On les présente comme des prêts simulés et le plus souvent usuraires. Il importe de redresser cette grave erreur.

On essaye quelquefois de les confondre avec les jeux de Bourse, qui ont usurpé trop longtemps le nom des marchés à terme. Il faut faire cesser cette autre attaque, en restituant aux Reports leur caractère propre et obligé.

Enfin, la Bourse a été vivement agitée dans les derniers temps. Des désordres regrettables sont surve-

---

[1] Nous les avons déjà décrits et justifiés, sommairement, dans notre ouvrage sur les *Bourses de commerce*, en 1831, p. 267 et suiv., et en 1853, p. 380 et suiv.; notre opinion n'a pas changé.

nus au dehors et au dedans. Des condamnations sévères ont été prononcées par les tribunaux. Les agents de change et leurs clients, nous disons les clients consciencieux, sont convaincus que la cause principale de ces difficultés provient de ce qu'il n'existe pas assez de précision dans les dispositions touchant à la négociation des effets publics et par conséquent aux Reports. L'article 90 du Code de commerce avait déclaré que le mode de toutes ces opérations serait déterminé par un règlement d'administration publique; mais les agents de change de Paris ont en vain réclamé le règlement sous trois gouvernements différents [1]. L'étude des Reports peut aussi servir à démontrer l'opportunité de cette mesure.

En expliquant les Reports, il n'est pas besoin, d'ailleurs, de décrire les allures et les combinaisons du jeu dont quelques-uns pourraient être entachés. Nous persistons à penser que, pour combattre les fraudes avec plus de succès, il vaut mieux éclairer le public sur la bonne manière de procéder [2]. Nous exposerons successivement, au point de vue pratique et judiciaire :

1° L'utilité des Reports ;

2° Leur mode et leur légalité.

---

[1] En l'an XI, en 1845 et en 1854. — J'ai fait partie de la Commission qui avait été nommée, en 1845, par M. Lacave-Laplagne, ministre des finances.

[2] C'est ce que nous avons eu pour but, en traitant la matière dans son ensemble.

§ 1. — Utilité des Reports.

« Le Report [1], dit M. le premier président Troplong,
« est *extrêmement utile*. Il lie les marchés au comp-
« tant avec les marchés à terme. Il porte sur les
« fonds publics une masse considérable de capitaux
« qui leur donnent un mouvement continuel. »

Parler ainsi de l'utilité du Report, c'est constater
celle de la Bourse, puisqu'il s'y contracte et qu'il en
est devenu l'agent principal. Cependant, malgré l'autorité de l'éminent jurisconsulte, cette opinion sur
la Bourse est encore mise en doute par quelques
personnes timides ou prévenues. A leurs yeux, il
n'est pas possible d'exprimer une pensée favorable
aux affaires de la Bourse [2], sans se rendre suspect
de partialité ou d'exagération. Nous ne nous sommes
jamais arrêté devant un pareil reproche, et nous
répéterons que l'utilité de la Bourse ne paraît plus
raisonnablement contestable. Elle est admise aujourd'hui par les économistes et les financiers qui
veulent juger les grandes affaires avec la portée
qu'elles embrassent, avec leurs risques comme leurs
avantages, et surtout avec l'avenir progressif qui
leur est réservé par un état de choses tout nouveau.
Nous ne saurions trop insister sur cette vérité qui
touche essentiellement à la question des Reports.

---

[1] *Contrats aléatoires*, n° 150.
[2] Nous ne parlons, bien entendu, que des opérations concernant
les fonds publics. L'utilité des autres affaires qui regardent le courtage
des marchandises ne peut pas être mise en question.

I

La Bourse, où se négocient les fonds publics, est, en effet, devenue indispensable à l'Etat, au commerce et à l'industrie, parce qu'elle est, pour leur crédit, le plus puissant auxiliaire.

L'intérêt de l'Etat, qui est le protecteur-né de tous les intérêts nationaux, se place en première ligne dans cette haute question, et c'est pour cela, peut-être, qu'une sorte d'opposition ramène sans cesse la critique.

« Les revenus publics, dit M. d'Audiffret [1], ne sont « plus les seules ressources de l'Etat. Les progrès de « la civilisation et de la richesse des peuples ont « ouvert aux gouvernements *l'inépuisable trésor du* « *crédit.* Cette conquête récente de la paix, de l'ordre « et de la justice, sur la violence, les dilapidations « et l'arbitraire de l'autorité supérieure, est devenue « la mesure de la puissance des nations. »

Dans la situation normale, avec la paix, la solvabilité d'un Etat se fonde avant tout, sans contredit, sur les principes vitaux qui existent en lui et qu'il a su se créer : sa constitution, son gouvernement, son commerce, son industrie, son agriculture, sa loyauté, son honneur, sa ponctuelle exactitude à acquitter ses engagements. D'aussi fortes garanties suffisent pour inspirer confiance ; elles constituent la base la plus solide de son crédit, et il ne doit pas

---

[1] *Système financier*, 1er vol., p. 213. — Voy. aussi les intéressants articles publiés par lui sur le même sujet, dans le *Moniteur* des 1er, 2 et 3 février 1861.

spéculer pour ajouter à cette situation prospère. Cependant il a intérêt à la protéger contre les chances de fluctuation attachées à la nature même de ses engagements presque tous négociables, et la Bourse lui rend cet important service. C'est elle qui, en facilitant et activant la circulation de tous les effets publics, soutient le cours des rentes dont il est débiteur envers les titulaires ayant eu foi dans sa solvabilité, envers les déposants dont la loi lui a confié les fonds, tels que les caisses d'épargne [1]. C'est elle qui, par le développement imprimé aux négociations, peut élever le cours des rentes au-dessus du pair et lui procurer, sinon le moyen de s'enrichir, du moins celui d'amortir sa dette perpétuelle, ou de la convertir sans diminution de capital, comme cela est arrivé. C'est elle qui, par la même influence incessante, lui permet encore d'obtenir des avances ou prêts pour sa dette flottante à courte échéance et même d'emprunter sur nouvelles rentes dans des temps malheureux ou exceptionnels. Si l'on doit regretter ces derniers emprunts, selon de savants économistes, le salut du pays ou le maintien de sa dignité les justifie, surtout lorsque ses revenus y suffisent : alors la loi suprême a prononcé. Il n'est pas non plus interdit à l'Etat de placer sur d'autres effets les capitaux qui sont inactifs dans les caisses publiques, et il a recours à cet expédient [2]. Il profite, pour sa politique extérieure, du marché de la Bourse,

[1] Les cautionnements de certains fonctionnaires sont employés en rentes sur l'Etat.

[2] Le Trésor et la Caisse d'amortissement ont leurs agents de change.

car elle lui révèle la situation financière des autres
États qui viennent y négocier leurs valeurs mobilières, et elle facilite les rapports internationaux en
soumettant le crédit de tous à une balance commune.
Enfin, le système économique qui vient d'être créé
pour l'industrie française et qui multipliera ces
rapports sur une plus vaste échelle, par la liberté de
l'échange, retirera lui-même de ce marché un appui
considérable.

II

Nous sommes loin, pourtant, de pousser l'illusion
jusqu'à prétendre que les spéculations de toute espèce méritent faveur [1].

Nous savons que l'agiotage se mêle très-souvent
aux opérations les plus loyales et qu'il peut influer
sur les cours ; mais il n'est pas toujours possible de
le reconnaître et de le punir, à travers cette multi-
tude quotidienne d'affaires. Il suffit que le gouvernement ne l'excite ni ne le protége, et nous croyons
qu'il n'a jamais encouru un tel reproche [2].

Nous savons aussi qu'à la suite de l'agiotage, il
survient à la Bourse des déceptions fâcheuses, et à
cause de ses périls, on se prend à méconnaître ses

[1] Voy. les quatre lettres adressées à M. le préfet de la Seine.
Constitutionnel, numéros des 28 septembre, 1er, 4 et 7 octobre 1860.

[2] On en trouve la preuve dans la réponse que M. Baroche, prési
dent du Conseil d'État, faisait, en 1856, à un député qui se plaignait
alors des désordres de la Bourse. *Moniteur* du 6 juin 1856.

— Un habile ministre qui a dirigé nos finances pendant sept ans,
à une époque très-difficile, disait, en 1824 : « L'agiotage est un mal,
« mais un mal qui porte avec lui son remède. »

services : il faut bien répondre à quelques objections, puisqu'on les reproduit toujours.

III

Deux ouvrages récemment publiés ont retracé un triste épisode de notre histoire, le fameux système de l'Ecossais Law [1].

Le premier paraît se poser comme l'objection générale contre les affaires de la Bourse [2]; mais il est moins un examen et une discussion de ce système, comparé avec les procédés actuels, que la critique amère des mœurs d'alors et des mœurs d'à présent qui seraient dominées également, suivant l'auteur, par la passion effrénée du jeu. On éprouve, qu'il nous pardonne cette réflexion, un sentiment pénible en lisant son livre. Il semble que notre société marche à une dégénération fatale ! Les réprimandes des moralistes qui souvent attristent l'humanité, au lieu de l'éclairer, y sont invoquées, et le poëte comique, dont la mission est de châtier les mœurs en nous amusant, vient lui même noircir le tableau ! A notre avis, il y a beaucoup d'exagération dans ces vieilles censures que l'imagination essaye en vain de rajeunir. A travers ses préoccupations, elle croit voir dans le tort de quelques individus le tort de tout un peuple; elle se trompe. Et après d'aussi vives attaques, aucune solution n'est proposée dans l'ouvrage.

L'autre livre [3], plus calme, pourrait servir de ré-

---

[1] De 1716 à 1720.
[2] *Les Manieurs d'argent.*
[3] *Le Système de Law*, par M. Thiers.

ponse, car l'auteur, tout en blâmant les fautes pas-
sées, y expose, avec une clarté parfaite et l'expérience
d'un homme d'Etat, les vices et aussi le mérite du
plan gigantesque de l'étranger. « Law fut un génie
malheureux, » dit M. Thiers [1]. Law comprit, en effet,
et développa l'idée que notre grand Colbert avait
conçue avant lui, disons-le à l'honneur de la France :
c'est que le chef-d'œuvre de la science financière
doit consister à aider ou à suppléer avec juste mesure, par des papiers de crédit, le numéraire qui
est presque toujours insuffisant pour solder à caisse
ouverte les besoins incessants et infinis du commerce,
de l'industrie et de l'Etat. Mais Law avait été en-
traîné par son ambition, qui cherchait une excuse
dans les exigences du moment, à exagérer ce système
ingénieux et vrai. Il avait eu l'imprudence grave de
ne pas admettre qu'il fallait, pour maintenir la confiance et la sécurité des parties prenantes, que le
papier reposât, dans une proportion considérable,
sur des garanties positives et représentées, soit par
le numéraire existant, soit par d'autres valeurs équi-
valentes [2]. Il trouvait ensuite sur ses pas des obstacles
invincibles de toute nature : un budget en déficit, la
banqueroute de l'Etat imminente, un luxe désor-
donné, des mœurs perdues, un régent faible, une na-
tion qui n'était pas initiée aux grandes affaires! Il dut

---

[1] Page 283.

[2] Il crut, ajoute M. Thiers, p. 15 et 171, « que la prospérité d'un
« Etat tenait à la masse du numéraire, et qu'on pouvait accroitre
« cette masse à volonté. Cependant le numéraire n'est point l'ali-
« ment dont l'homme se nourrit, etc. »

succomber au milieu d'une catastrophe publique!

Que l'amour du bien-être, le penchant pour le luxe, le désir de faire une fortune, l'entraînement vers les chances aléatoires qui la donnent vite et sans travail, exercent encore à présent leur funeste empire sur beaucoup de gens en les jetant à la Bourse, cela n'est que trop certain. Mais cette tendance accidentelle, produite par les réactions violentes que nous avons ressenties depuis près d'un siècle et qui suivent d'ordinaire les misères publiques, ne suffit pas pour qu'on ait le droit d'assimiler l'état de choses ancien avec celui dont nous sommes les témoins. Si je ne m'abuse, la différence des deux époques est aucontraire éclatante.

Alors, absence de toute organisation légale, réglant le mode et le lieu des négociations d'effets publics; elles se pratiquaient dans la rue, sans l'entremise ni le contrôle des officiers déjà institués [1] : aujourd'hui, législation spéciale qui, sauf les améliorations réclamées, fixe et ce mode et ce lieu, avec attribution exclusive pour les officiers qui certifient les valeurs et sont responsables. Alors, point ou peu de numéraire; *les manieurs d'argent,* comme on les appelle, n'étaient que des manieurs de détestables papiers : aujourd'hui, si les effets publics abondent plus que jamais, les espèces métalliques ne font défaut ni dans les caisses publiques, ni dans les caisses privées. Alors, peu de commerce intérieur, eu-

[1] L'arrêt du 25 octobre 1720 est le premier qui ait appelé *Bourse* 'assemblée des agents de change.

core moins de commerce d'exportation ; et que pouvait être l'industrie, source première de tous les genres de commerce, avec les maîtrises et les jurandes qui paralysaient tous les efforts du travail et de l'art! aujourd'hui, l'industrie et le commerce, délivrés de leurs entraves, ont pris un essor prodigieux. Le génie de la France s'est ouvert largement cette riche carrière ; et, avec une vie nouvelle, la France a conquis de nouveaux agents à l'aide des circulations d'effets et de valeurs. Alors, point de crédit public, c'est-à-dire de crédit réel et efficace, puisqu'il manquait d'objet et de base : à présent, ce crédit, qui constitue[1] pour l'État lui-même le plus puissant de ses ressorts gouvernementaux, est établi sur des éléments certains, innombrables, et il se fortifie incessamment par les opérations que la Bourse amène et régularise. Alors, de prétendus titres sans garantie réelle ni morale ; l'État, qui avait souscrit des rentes ou des billets d'emprunt, ne présentait plus de solvabilité, et la Compagnie des Indes, qui émettait les actions à convertir en billets d'État, n'était qu'une rêverie ou une aventure : aujourd'hui, nos effets publics français, ceux de l'État et ceux des Compagnies, tous régulièrement cotés à la Bourse[2], reposent sur une certitude de payement ou des gages qui méritent pleine confiance. Cette confiance, toujours progressive, se répand partout, dans les villes

[1] Depuis 1816, notamment : le baron Louis en avait appliqué les vrais principes, avec une inflexible fermeté, dès les premiers jours de la Restauration.

[2] Voy. plus bas. p. 18, comment la cote a lieu.

et les campagnes [1]. Alors, enfin, et je ne veux pas pousser le contraste plus loin, point de magistrature qui, à défaut de lois spéciales, eût le moyen de réprimer les désordres; le Parlement de Paris, dont les remontrances et les protestations étaient déjà devenues impuissantes, luttait courageusement, mais vainement, contre la volonté du prince, sans proposer le re... ède, si le remède eût été possible : aujourd'hui, des tribunaux indépendants et forts, qui sont armés d'une loi pénale expresse et qui statuent sur les contestations civiles selon leur conscience, en attendant que la sagesse du gouvernement leur donne des dispositions civiles plus complètes.

Telle est la vérité, selon moi, et j'espère que le passé nous servira de leçon.

IV

Ce serait à tort que quelques opposants voudraient soumettre la question de la négociation des fonds publics à l'influence des considérations religieuses, si imposantes dans la sphère des actes ordinaires de la vie. En écrivant son Mémoire sur les actions de la Compagnie des Indes, l'illustre et religieux d'Aguesseau disait [2] : « Je laisse aux théologiens et « aux casuistes la première vue (de la question). « C'est à eux de juger si le cours des actions est con- « traire aux lois de la charité et à la perfection du

---

[1] Voir le *Moniteur* du 15 janvier 1861.
[2] Vol. X, p. 179.

« chrétien, et à cet éloignement que la religion in-
« spire de tous les objets capables d'irriter la cupi-
« dité. » Ce sage avis est encore applicable à l'égard
de la Bourse. En s'occupant d'elle et des Reports, il
faut se renfermer dans un examen purement légal
et juridique.

V

Le grief favori consiste à trouver mauvais que le
mobile général des opérations sur les effets publics
soit la spéculation. On convient que ceux qui achètent ces valeurs pour faire un placement utile ou qui
les vendent pour en appliquer le prix à un autre
emploi selon leur convenance sont nombreux, depuis que les rentes sur l'État ont été répandues dans
toute la France par les inscriptions départemen-
tales [1] et par les souscriptions d'emprunt [2]. Mais on
ne veut pas que d'autres achètent et revendent ces effets pour réaliser un bénéfice. Nous répondrons que
cette objection a été repoussée par la même autorité.
D'Aguesseau s'était proposé, dans son Mémoire, la
thèse suivante qu'il appelait alors un problème [3] :
« s'il est permis d'acquérir des actions avec inten-
« tion de les vendre *pour y gagner.* » Et il avait ré-
pondu :

« Pour résoudre cette difficulté, il faut distinguer
« trois sortes de raisons qui portent les hommes à

---

[1] Loi du 14 avril 1819.
[2] En 1856 et 1858.
[3] Page 237.

« vendre leurs effets. L'une est l'envie naturelle de
« gagner sur le prix. La seconde est qu'il y a d'autres
« effets qui leur conviennent mieux. La troisième
« est le vice intérieur de ceux dont ils veulent se
« défaire et le risque qu'ils courent en les gardant.
« De ces trois raisons, les deux premières sont évi-
« demment légitimes par elles-mêmes, et pourvu
« qu'on n'y mêle point des moyens injustes pour
« parvenir à l'une ou à l'autre de ces deux fins, le
« gain que l'on peut faire en vendant par ces motifs
« *n'a rien de suspect*. La troisième est plus douteuse,
« parce que, quoique en général il soit vrai de dire
« que la vente d'un bien qui a un défaut et un risque
« inséparables de sa possession n'est point vicieuse,
« quand le défaut ou le risque sont connus de l'ache-
« teur comme du vendeur, il peut néanmoins se trou-
« ver des circonstances dans lesquelles une telle
« vente serait justement condamnée. »

Ainsi, le docte magistrat n'hésite point à adopter
la spéculation en principe ; il reconnaît qu'elle a une
cause légale, celle que les jurisconsultes assignent à
tous les contrats commutatifs. Il n'excepte que la
vente consommée dans les circonstances où le dol
serait démontré contre le vendeur ; et voilà, en effet,
la véritable doctrine. Comme les créances ordinaires,
comme toutes les choses mobilières corporelles qui
entrent dans le domaine privé et peuvent faire la
matière d'une vente, les effets publics sont des *marchandises*. Le mot doit être prononcé dès que la loi
le consacre. S'il existe à présent quelques actions

d'entreprises qui ne valent guère mieux que l'ancienne Compagnie des Indes sous la régence, ces titres ne se négocient point sur le parquet de la Bourse, parce qu'ils n'y sont pas cotés. La cote officielle ne s'accorde qu'aux effets dont la consistance a été vérifiée avec le plus grand soin par la Chambre syndicale des agents de change et après qu'une autorisation expresse a été donnée par le ministre des finances; elle ne comprend les effets publics étrangers, les actions et obligations d'entreprises étrangères surtout, qu'à cette double condition. Si ces effets cotés, étrangers ou français, offrent eux-mêmes quelques chances, et quelles marchandises n'en offrent pas? ces chances, ainsi que le faisait observer d'Aguesseau sous l'empire d'une législation qui interdisait non-seulement le prêt d'argent à intérêt, mais les anti-chrèses, les ventes à réméré, les rentes en denrées, toutes autres spéculations réputées alors suspectes d'usure, ces chances sont connues de l'acheteur et du vendeur, et elles peuvent être appréciées par chacun d'eux. Les titres ne sont plus vendus dans un cabaret ou dans une échoppe de la rue Quincampoix par un écrivain ou un laquais; ils le sont aux enchères publiques, sur un marché public, par un officier public. Aussi verrons-nous qu'une jurisprudence constante valide toutes les opérations sérieuses, Reports ou autres, sans rechercher leur objet, et en sachant bien que les Reports sont le procédé le plus habituel des spéculations.

Où serait enfin le tort aux yeux de la conscience

la plus timorée? Dieu n'a mis la conscience au cœur
de l'homme que pour qu'il en fasse un usage éclairé
et réfléchi. C'est la mauvaise spéculation ou le jeu
qui, en compromettant sa fortune et son honneur,
livre l'homme à toutes les mauvaises passions, à la
paresse, au luxe, à l'envie, à l'égoïsme, à la fraude!
Au contraire, la spéculation légitime et prudente ne
profite pas au spéculateur seul, elle est utile à tous
les citoyens de l'État comme à l'État lui-même : ces
résultats précieux, nous les avons déjà signalés. Et,
bien entendu, la spéculation n'est réputée légitime,
c'est-à-dire juste et morale, qu'autant qu'elle s'établit en prévision d'un événement indépendant de la
volonté du spéculateur et tout à fait fortuit, sans
manœuvres dolosives, ni fausses nouvelles, ni dé
couvertes subreptices. On ne voit plus de ces joueurs
éhontés, ou plutôt de ces escrocs qui achetaient les
secrets de l'État dans l'antichambre de Law, pour
les faire servir à leurs opérations criminelles ou à un
infâme trafic!

VI

Prétendra-t-on que la spéculation *à la baisse*
(j'emploie le langage usité) est toujours blâmable,
parce qu'elle tend à compromettre le crédit de l'État,
des villes et des Compagnies dont elle déprécierait
la dette? S'il est question de ces combinaisons odieu-
ses que je viens de rappeler, elles ne valent pas mieux
à la hausse qu'à la baisse. Avec une hausse factice,
on peut ruiner les acheteurs crédules, dont le

nombre n'est que trop considérable, et c'est ce que prouve l'histoire du désastreux Système. La loi pénale a pourvu à l'hypothèse de fraude, quel que soit le mode de spéculation employé [1]. Qu'importe au crédit de l'Etat, des villes ou des Compagnies, que l'on spécule accidentellement sur quelques francs de baisse dans le cours de leurs effets, si l'éventualité est calculée selon l'ordre probable et rationnel des choses, par exemple sur un ralentissement momentané du commerce, la rareté relative du numéraire, un événement accompli ? Qui ne sait que la hausse peut succéder bien vite à la baisse ? Puisque la Bourse est un marché, puisque les effets publics qui s'y vendent sont de véritables marchandises, ne faut-il pas que ces titres subissent le sort flottant de toutes les valeurs commerçables ? Le premier Consul ne comprenait pas qu'il dût en être ainsi pour les papiers de l'Etat. Convaincu bientôt par les observations de son habile ministre du Trésor, M. Mollien, il les accepta en lui disant ces belles paroles : « Qu'il ne « fallait pas avoir la prétention de défendre ce qu'on « n'avait pas le pouvoir d'empêcher. »

Dans les choses humaines, en effet, le mal est presque toujours à côté du bien.

D'autres institutions publiques n'ont-elles pas leurs imperfections et leurs mécomptes?

[1] Art. 419 et 421 du Code pénal.

VII

En résultat, il n'existe plus de controverse sur l'utilité de la Bourse que dans le petit cercle de ces
hommes qui fuient toute espèce d'affaires, parce
qu'ils redoutent les émotions dont elles sont parfois
accompagnées. Mais la vérité du fait sera plus forte
que leurs répugnances irréfléchies. Ils comprendront
qu'au milieu de ce mouvement d'activité universelle,
qui entraîne notre société dans une voie de travail
et de progrès, il n'est pas permis, sans aveuglement,
qu'on proscrive une institution dont elle retire de
si précieux avantages. Ils doivent savoir qu'au temps
présent, les petites fortunes se placent rarement en
immeubles, et qu'il n'y a plus guère d'autres valeurs
de portefeuille que les fonds publics dont la réalisation s'opère instantanément à l'aide de la Bourse.
S'ils ne spéculent pas, ils peuvent posséder de tels
effets et ils sont intéressés à ce que leur cours vénal
augmente ou s'affermisse tout au moins. Ils doivent
savoir que le commerce et l'industrie, dont ils dési-
rent acheter les produits au meilleur compte, ont
pour auxiliaire la Bourse, qui en modère les prix
avec l'assistance qu'elle leur prête. Ils doivent savoir
que l'Etat, dont ils réclament la protection à chaque
moment, les chemins de fer, dont ils se servent
pour leurs voyages, les assurances, à l'abri desquel-
les leur fortune est placée, et toutes les autres sociétés industrielles qui subviennent à leurs nécessités
ou à leur bien-être, ont besoin de cette même Bourse

pour se maintenir et prospérer. Mais qu'ils envisagent la question de plus haut, et leurs yeux seront frappés des conséquences bien autrement considérables que nous devons au crédit public. C'est grâce à lui que les capitaux, arrivant avec abondance dans les mains du commerce et de l'industrie, profitent aux ouvriers, qui ne subissent plus de chômage. Les Compagnies de chemins de fer et les autres entreprises trouvent des ressources inépuisables pour leurs agrandissements imprévus et leurs immenses travaux. Les villes et les établissements publics subviennent, avec des emprunts non moins faciles, à de semblables dépenses [1]. L'agriculture obtient sa large part. Le gouvernement leur fournit à tous son assistance éclairée, généreuse. Et notre pays, déjà si riche, semble être à la veille d'une transformation plus merveilleuse encore, puisqu'elle devra servir à l'humanité. On s'étonne enfin, lorsqu'on voit combien de centaines de millions en argent sont sortis de France depuis quelques années, contre de simples valeurs en billets, pour être employés à la construction des chemins de fer étrangers, de l'Espagne, du Portugal, de l'Autriche, de l'Italie, etc. Si notre crédit, sans s'appauvrir, a pourvu à ces énormes avances, n'est-ce pas un phénomène dans l'histoire des peuples ? S'il peut en résulter chez nous une augmentation momenta-

[1] C'est ainsi que la ville de Colmar et des industriels de l'Est ont offert d'avancer un capital de 12 millions pour assurer l'exécution d'un nouveau canal. Voy. le décret du 6 avril 1861.

née dans le taux de l'argent, il est permis d'espérer que, par une heureuse compensation, cette fusion des intérêts internationaux formera un nouveau lien de réciprocité, et devra puissamment contribuer au maintien de nos pacifiques alliances [1]. Une paix glorieuse répare tout et suffit à tout.

N'exagérons rien.

Entre l'espèce d'anathème dont la Bourse est l'objet de la part de quelques-uns et la ferveur qu'elle inspire à tant d'autres, il ne faut admettre que ce qui est vrai, à savoir, l'important office de cette institution : or, ce sont les faits qui le proclament avec l'autorité impartiale et décisive qui leur appartient.

VIII

On voit déjà, par ces considérations, que l'utilité du Report s'identifie avec l'utilité de la Bourse; mais la démonstration deviendra d'autant plus évidente, lorsque nous aurons expliqué le mode et la légalité des opérations qui le concernent. Cette partie de notre travail, s'appliquant au fond même du sujet à examiner, exige des détails fort arides et assez compliqués : nous prions le lecteur de nous prêter sa bienveillante attention.

---

[1] « Plus se multiplient les relations commerciales entre les peuples, « plus les préjugés se dissipent, plus les intérêts s'identifient et plus « la paix devient profitable et nécessaire. » *Moniteur* du 17 janvier 1861. — *Bulletin.*

§ 2. — Mode et légalité des Reports.

Pour donner à nos explications l'exactitude et l'efficacité qu'elles se proposent, nous devons constater et apprécier les usages de la Bourse de Paris[1]. Or, d'après cette pratique, — nous ne parlons toujours que de la bonne, — il convient d'analyser le Report de la manière suivante :

Le Report s'établit par une opération mixte, au moyen de deux marchés, l'un au comptant, l'autre à terme, conclus — entre deux parties, au même moment, — et à des prix déterminés. — Le marché à terme, qui est le second dans l'ordre de l'opération, ne doit dans aucun cas excéder la fin du mois suivant. Le plus souvent, il se contracte pour la fin du mois qui court[2].

Le Reporteur est toujours acheteur au comptant[3] et revendeur pour le terme convenu ; le Reporté est toujours vendeur au comptant[4] et acheteur pour le même terme.

Le Report s'applique exclusivement aux rentes sur l'Etat et aux actions, soit de la Banque de France, soit de chemins de fer ou autres entreprises, ces actions ayant été cotées au parquet.

Enfin, un premier Report peut être suivi d'autres

[1] Les quatre autres Bourses qui ont été autorisées récemment à s'occuper de la négociation des fonds publics (Lyon, Marseille, Bordeaux et Toulouse) ont adopté les errements suivis à Paris.

[2] La loi admet le terme de deux mois. Voy. p. 26.

[3] Ou en liquidation. Voy. *infrà*, p. 59 et suiv.

[4] Ou en liquidation. Voy. même renvoi.

Reports successifs qui ont lieu pour la même affaire et de la même façon [1].

I

Nous ne saurions faire connaître les éléments organiques du Report, sans rappeler d'abord en quelques lignes ceux du marché au comptant et ceux du marché à terme.

Ces deux marchés se concluent sur le parquet de la Bourse, à prix déterminé.

Le marché au comptant ne souffre aucune difficulté dans son exécution. Le délai pour la livraison et le payement de l'effet, vendu ou acheté, est limité à un ou cinq jours, selon que cet effet est au porteur, ou nominatif et transférable.

Le marché à terme, qui a donné lieu à tant d'abus fâcheux et de critiques injustes, est plus compliqué, parce qu'ici la loi n'a plus la même précision.

Suivant le droit commun, chacun est maître de s'obliger à terme et par conséquent de vendre ou d'acheter, en renvoyant l'exécution du contrat, c'est-à-dire le payement et la livraison de la chose qui en est l'objet, à un délai plus ou moins éloigné. Trois

---

[1] Inutile de faire remarquer que, pour le Report, les parties traitent aussi sans se connaître et par le ministère exclusif de leurs agents de change. Le même agent pourrait opérer pour deux clients à la fois. Dans le droit spécial, ces vérités sont incontestables, parce qu'il commande le secret des opérations. Voy. *Bourses de comm.*, n° 215.

— D'après les règlements intérieurs de la Bourse, le Report, de même que le marché à terme ordinaire, ne se conclut que sur 1,500 francs de rente 3 pour 100, sur 2,250 francs de rente 4 1/2, sur vingt-cinq actions, quel que soit leur capital nominal.

arrêts célèbres, rendus par l'ancien Conseil du roi et provoqués par le contrôleur général de Calonne, aux dates des 7 août 1785, 7 octobre suivant et 22 septembre 1786, ont reconnu que cette sorte de convention était valable quant aux effets publics. Mais, pour prévenir les désordres qu'elle avait produits précédemment, à défaut de précautions legislatives suffisantes [1], ils l'ont, par une exception au droit ordinaire, soumise à deux conditions distinctes, en déclarant : 1° que les effets vendus ou les titres qui en établissent la propriété seraient *déposés préalablement* entre les mains de l'agent de change ou chez un notaire; 2° que l'échéance du marché ne devrait pas excéder le délai de *deux mois*. Ils n'ont pas exigé que l'acheteur déposât les fonds nécessaires pour le payement du prix, par la raison qu'il est présumé ne pas les avoir à sa disposition actuelle : s'il les avait, il achèterait au comptant et à meilleur marché [2].

On se souvient des controverses ardentes qui se sont engagées, en 1822 et 1823 [3], sur la question de savoir si, depuis les lois postérieures qui ont fixé les attributions des agents de change en vue du nouveau système financier, les anciens arrêts du Conseil peuvent encore être applicables à l'égard du dépôt des

[1] Un joueur fameux, l'abbé d'Espagnac, avait accaparé avec des marchés à terme toutes les actions de la nouvelle Compagnie des Indes. Il en avait même acheté 8,655 de plus qu'il n'en existait réellement.

[2] Il arrive pourtant que quelquefois, par suite de spéculations excessives et à régler fin du mois, le comptant est plus cher alors que le terme. Voy. ci-après, p. 36.

[3] Dans la célèbre affaire Forbin-Janson.

effets vendus, ou s'il suffit que le vendeur soit propriétaire des effets au moment du marché, sans qu'il ait besoin de les déposer. La jurisprudence, interprétant les arrêts dans leur intention virtuelle plutôt que suivant leur texte, a fini par admettre unanimement et avec toute raison la seconde de ces solutions. Elle a décidé, de plus, — déclaration féconde par ses conséquences,— que, sur la preuve du fait ou de la propriété des titres, les tribunaux sont *appréciateurs souverains* d'après les circonstances et les documents du procès. Elle a jugé que la bonne foi de l'une des deux parties suffit pour valider l'opération à son égard et lui en assurer les résultats [1].

La discussion est allée plus loin : elle a soutenu que l'article 422 du Code pénal a même abrogé les arrêts du Conseil [2], et que le marché à terme est valable lorsque, selon la disposition de ce Code, on prouve que les effets vendus ont pu et dû se trouver en la possession du vendeur au temps convenu pour la livraison, encore qu'il n'en eût pas été propriétaire au moment de la vente. Ces dernières espèces de ventes, fréquentes à la Bourse, s'appellent *ventes à découvert*, et il nous importe d'en définir le mérite, parce qu'elles déterminent souvent la conclusion des Reports.

---

[1] Voy *Bourses de comm.*, n° 469, 5° édit., où nous citons les arrêts rendus jusque-là. D'autres sont intervenus depuis dans le même sens.

[2] Telle est l'opinion de M. le premier président Troplong, *Contrats aléatoires*, n°° 156 et 141. Cependant nous n'avons pas cru pouvoir la proposer. Voy. *Bourses de comm.*, n°° 465 et 466.

Elles étaient surtout mises en pratique par les gros banquiers et les Compagnies financières qui traitaient avec l'Etat de ses emprunts, lorsqu'il n'avait point adopté le système ingénieux des souscriptions volontaires, et ils obtenaient ainsi une partie des fonds considérables dont ils avaient besoin. Ils ne s'engageaient même envers lui qu'en réservant expressément la faculté de vendre des titres provisoires de rente, avant qu'il leur eût délivré les rentes elles-mêmes. L'opération était légitime, puisqu'elle reposait en réalité sur des valeurs existant aux mains des vendeurs lors de la vente. Elle avait une utilité publique, puisqu'elle facilitait d'autant les placements d'emprunts.

Mais, dans les circonstances ordinaires, des spéculateurs vendent-ils à découvert une forte quantité de rentes ou d'autres effets, on doit distinguer : ou ils ont voulu *entraîner* une baisse sur le parquet, et profiter de cette baisse en rachetant des quantités plus fortes que celles par eux vendues et en revendant plus tard, lorsque la hausse sera revenue, les valeurs excédantes qu'ils auront eu soin de garder; dans ce cas, leur spéculation peut, selon les circonstances, caractériser un véritable délit [1]. Ou l'opération s'est faite sans délit; et pour constater sa nature, sa réalité ou sa fiction, les tribunaux civils, constitués juges du fait par la jurisprudence, statueront aussi d'après les documents du procès et vérifieront la situation, la bonne foi, la solvabilité des deux par-

---

[1] Art. 419 du Code pénal.

ties. De sorte que, si la preuve de la réalité est acquise, la validité de ces marchés en découlera. Lorsqu'une maison de banque de premier ordre a vendu 100,000 ou 150,000 francs de rentes, par exemple, comment croire qu'elle n'a pas eu à sa disposition le moyen de se les procurer loyalement et de les livrer à l'échéance du délai convenu?

Or, si cette opinion à l'égard des ventes à découvert est adoptée, on doit conclure que la légalité des marchés à terme, sans exception, réside tout entière dans la moralité de leur but et la possibilité de leur exécution. Cependant la controverse n'est pas vaincue. Elle semble relever la tête en voyant que l'on hésite à établir une règle écrite et formelle. Naguère les *coulissiers* [1] et, il y a quelque temps [2], un joueur n'ont pas craint d'attaquer encore le principe des marchés à terme, en invoquant les anciens arrêts du Conseil : les premiers, pour essayer de justifier ou d'atténuer leur délit, en cherchant des complices sur le parquet de la Bourse, et celui-ci pour obtenir de son agent de change la restitution de sommes perdues et payées.

Ajoutons, si nous sommes exactement informé, que la dernière Commission ministérielle, nommée pour aviser au moyen de mettre fin à ces fâcheux débats, aurait proposé de formuler le règlement annoncé par le Code de commerce dans le sens de la jurisprudence sur tous les points.

[1] Voy. *le Droit*, 1860, procès des *coulissiers*.

[2] Dans une affaire Jacomet soumise à la 1re Chambre du tribunal (juillet 1860).

— 30 —

A l'égard du délai de deux mois fixé par les anciens arrêts pour le plus long terme des marchés, il a été maintenu en droit et il ne saurait être augmenté sans danger, à cause des variations inévitablement attachées à la nature des effets publics, de quelques-uns surtout.

II

L'économie du marché au comptant et celle du marché à terme étant bien comprises, voyons, par des exemples, le mode spécial et régulier suivant lequel les Reports se forment avec ces deux marchés *combinés*. Voici les deux espèces principales qui donnent lieu aux Reports et suffisent aux nécessités de la Bourse[1].

1re espèce des reports.

Paul a des fonds improductifs qui, dans quelques mois, doivent lui servir pour acheter des marchandises, payer un immeuble, doter un enfant, acquitter une dette non encore exigible, etc. Il désire utiliser ce capital jusque-là, en le remplaçant temporairement par la propriété d'une valeur qu'il lui sera facile de réaliser pour le reprendre. Il fait donc acheter de Pierre, qui avait lui-même un besoin momentané d'argent, 3.000 francs de rente 3 pour 100 au comptant et au cours de 69 francs; il lui en

[1] Pour plus de clarté, nous nommerons les parties. En réalité, elles ne traitent que par leurs agents et ne se connaissent pas. Voy. *supra*, p. 25, note 1.

paye le prix contre la livraison de la rente qui est immatriculée en ses propres noms, et il la revend à Pierre au même moment, pour fin du mois de mars courant, au prix de 69 fr. 25 c. [1]. A la fin de ce mois, si Paul reporteur veut rentrer dans son capital, il livre la rente à Pierre reporté qui lui en paye le prix de 69 fr. 25 c., et la différence des 25 centimes, existant entre le prix des deux marchés et constituant le prix du Report, appartient à Paul. Cette plus-value résultant de l'opération peut s'appeler indemnité, profit ou bénéfice, elle n'est point un intérêt d'argent : c'est ce que nous expliquerons plus loin [2].

A la fin du mois stipulé (mars), si, n'ayant pas encore besoin de son capital, Paul tient à l'utiliser pendant un autre mois, il *renouvelle* le report de la même façon. Il rachète au comptant à 69 fr. 25 c. [3] de Pierre, ou de tout autre, une autre rente de 3,000 francs, qui est replacée sous ses noms, de lui Paul, après payement du prix, et il la revend à son vendeur pour la fin du mois suivant (avril), toujours au même instant, à 59 fr. 50 c. Cette seconde opération se dénouera comme la première, et la diffé-

---

[1] On comprend que les chiffres qui sont et *seront* indiqués par nous ne représentent que des hypothèses pour faire ressortir le prix du Report ou la différence entre les prix des deux marchés. Cette différence pourrait être moindre de 25 centimes ou supérieure à ce chiffre.

[2] Voy. *infrà*, p. 52.

[3] Nous verrons bientôt que ce rachat a souvent lieu, tout aussi régulièrement, en *liquidation*, comme on dit à la Bourse, et même avec une modification essentielle. Voy. *infrà*, p. 41 et p. 44.

rence de **25** centimes en plus qui existe entre les deux nouveaux prix profitera de même à Paul comme plus-value ou bénéfice : je répète à dessein ce dernier mot.

Un troisième et un quatrième Report peuvent être opérés de la sorte, successivement.

Il est à remarquer que, dans cette première espèce fort simple, l'opération du Report n'est pas une spéculation véritable et qu'elle convient au père de famille lui-même, commerçant ou non commerçant, quelle que soit sa position, rentier, fonctionnaire public, homme de lettres, etc.

Les Compagnies et les entreprises industrielles, qui ne spéculent pas d'ordinaire, contractent souvent de pareils Reports.

Deuxième espèce.

Tout aussi normale dans son principe que la première espèce, mais plus compliquée en apparence, la seconde est aussi plus usitée à la Bourse comme s'appropriant mieux à la spéculation qui en est l'agent énergique, il faut bien le reconnaître.

Pierre, n'ayant pas de fonds actuellement disponibles, a acheté une rente de 3,000 francs 3 pour 100, à 69 fr. 10 c., pour la fin du mois de mars courant, parce qu'il en a besoin à cette époque [1], ou dans l'espoir que la valeur de l'effet aura haussé alors.

---

[1] Pour la rétablir dans une liquidation judiciaire, pour réaliser un cautionnement, ou pour tout autre motif.

L'échéance du terme fin mars étant arrivée, il est tenu de payer à son vendeur le prix stipulé contre la livraison de l'effet. Mais les fonds sur lesquels il avait compté viennent à lui manquer, et il s'adresse à Jean, banquier ou capitaliste, pour faire payer et lever l'effet par lui. Je me sers de la dénomination de *capitaliste*, parce qu'elle est employée à la Bourse, et d'ailleurs avec exactitude, notons-le en passant. Il existe toujours des capitalistes et des rentiers, n'en déplaise à une certaine école. Le capitaliste est tout simplement un propriétaire de deniers ou d'espèces qu'on appelle partout *capitaux*. Tel préfère posséder des terres ; tel, des bois ; tel, des maisons ; tel autre, de l'argent, qui est d'une administration plus facile. Il y a bien longtemps que notre société marche avec ces convenances diverses, ou, si l'on veut, avec ces caprices [1]. Or Jean, le capitaliste, consent à se substituer à Pierre, en achetant de lui au comptant et au prix de 69 fr. 10 c. la rente que Pierre avait achetée à terme, fin mars, pour ce prix. Il la paye alors à Pierre, ou plutôt au tiers qui la lui avait vendue pour ce terme, la lève, la fait inscrire en ses propres noms et la revend, tout de suite, à Pierre pour la fin du mois d'avril suivant, à 69 fr. 35 c. A cette seconde époque, Pierre lève la

[1] Il faut faire observer ici que, dans la première et dans la seconde espèce, le Report pourrait être constitué de nouveau avant l'échéance de son terme convenu pour la fin du mois courant, mais pourvu que cette continuation ou prorogation, faite toujours dans les conditions ci-dessus indiquées, n'excédât pas la fin du mois suivant. Voy. *supra* p. 24. La liquidation du premier Report n'en aura pas moins lieu à la fin du mois courant.

rente avec des fonds à lui ; il en verse le prix à Jean, soit les 69 fr. 35 c., et la différence de 25 centimes, entre ce prix et celui de l'achat au comptant fait par Jean, reporteur, formera son indemnité, profit ou bénéfice. Cette différence est le prix du Report, ainsi que dans l'espèce précédente.

À la fin du deuxième mois (avril), si Pierre n'est point en mesure de lever la rente de 3,000 francs, il a recours à Jacques, autre banquier ou capitaliste, qui, devenant acheteur au comptant, se fait livrer la rente revendue à ce terme par Jean ; il lui en solde le prix, et la revend à Pierre pour fin du troisième mois (mai), à un prix nouveau, par exemple à 69 fr. 60 c. L'opération se réalise de même que la précédente, et cette fois c'est Jacques, nouveau reporteur, qui perçoit les 25 ou 30 centimes, prix et bénéfice du dernier Report[1].

Même procédé pour un troisième, un quatrième Report, etc.

III

Ainsi, la seule exposition de nos espèces démontre ce que nous avons avancé au début. On voit comment la formation du Report relie ensemble les deux marchés, celui au comptant et celui à terme, de quelle manière encore elle doit contribuer à imprimer un

[1] Ici s'applique l'observation faite à la note p. 31, et l'on verra plus loin qu'à ce moyen l'opération du Report ci-dessus pourrait se renouveler avec Paul lui-même, premier reporteur.

mouvement si vif et si utile aux négociations de la Bourse[1].

L'auteur du *Droit commercial*, M. Frémery, cite d'autres exemples de Reports dans son ouvrage publié en 1833[2]; mais nous ferons observer que ces exemples sont plutôt des conventions accidentelles que des Reports véritables. Ils n'ont plus guère d'application, parce qu'ils supposent des difficultés que rencontraient les négociations et qui n'existent plus, un grand nombre d'acheteurs et de vendeurs affluant aujourd'hui sur le marché de la Bourse. D'un autre côté, M. Frémery paraît donner à ces Reports, non point un caractère, mais une couleur de prêt que nous n'admettons pas, et nous en dirons bientôt le motif. Il n'indique point par quel moyen ces opérations seront continuées[3].

IV

Quelques observations sont nécessaires, néanmoins, pour compléter nos explications sur le mode des Reports.

1° On comprend, par ce qui précède, que le prix du Report est autre chose que le cours *à terme* de la

[1] Nos deux hypothèses sont analysées dans un PARIÈRE que les négociants les plus considérables avaient signé, en 1835, lors du procès *Collot* où la validité des Reports, ayant été mise en controverse pour la première fois, a été consacrée par un arrêt du 21 mars 1825. Voy. l'appendice des *Bourses de comm.*, n° 10, et l'ouvrage, n° 480.

[2] Page 475.

[3] On peut voir dans l'ouvrage ces exemples, qu'il serait trop long de rapporter ou même d'analyser ici.

Bourse. Ce cours est applicable seulement aux opérations ordinaires à terme (qui n'ont pas cessé d'entrer dans le mouvement général des affaires), et il varie presque toujours en hausse ou en baisse, pendant le courant du mois. Au contraire, le prix du Report, ayant été fixé par les marchés qui constituent le contrat, reste invariable; il représente, nous le répétons, la différence de chiffres qui existe entre le prix du marché au comptant et le prix du marché à terme. C'est pour cela que, sur la feuille imprimée chaque jour à la Bourse pour les marchés à terme ordinaires, étrangers aux Reports, le prix des Reports est coté en dehors du cours propre à ces marchés [1].

2° Le DÉPORT n'est pas, comme on serait tenté de le croire, une opération particulière, différant par sa forme et sa nature de l'opération du Report. Le plus souvent, le reporteur doit obtenir une plus-value ou un bénéfice, parce que c'est lui qui débourse son argent pour acheter le titre au comptant. D'un autre côté, l'intérêt attaché à ce titre s'acquiert jour par jour et lui profite. Cependant il arrive quelquefois que, par l'effet de circonstances fortuites ou de spéculations exagérées, les titres à acheter au comptant deviennent rares et que le prix du comptant est plus cher que celui du terme. Or, si le reporteur se trouve obligé d'exécuter une vente par lui faite à découvert, il achète au comptant le titre qu'il doit

---

[1] On connait à la Bourse un autre cours qui se nomme *cours de compensation*. Nous en parlerons à la note, *infrà*, p. 41.

livrer, en le payant plus cher qu'il ne le revend à terme dans le même instant, à celui même qui le lui a vendu. Tel est le cas du déport, en terme de Bourse, et la différence ou l'écart qui existe entre les prix des deux marchés appartient, cette fois, au reporté [1].

3° On sait que les marchés à terme ordinaires sont souvent contractés avec une PRIME payable par l'acheteur. On dit, s'il s'agit par exemple d'une rente 3 pour 100, que l'achat est fait à 69 francs, dont 50 centimes ou dont 1 franc (de prime). L'acheteur qui a dû payer la prime à son vendeur, au moment du marché, suivant l'usage constant, a le droit de rompre ce marché avant le terme, en la lui délaissant. Cette stipulation est assimilée à celle des *arrhes* admises dans le contrat de vente par le Code Napoléon [2]. Mais, d'après l'usage le plus commun de la Bourse, la prime n'est point autorisée pour le Report, par le motif qu'elle serait incompatible avec la fixité obligée de son prix. Le marché à terme doit y être *ferme*, c'est-à-dire définitif. La prime ayant pour objet de résoudre le marché, on conçoit que, si l'acheteur à terme, après l'avoir reçue, la restituait à son vendeur, celui-ci, reporteur, verrait crouler son opéra-

---

[1] Exemple de déport : Jacques, procurant un titre de rente 3 pour 100 à Pierre, qui en a besoin pour exécuter un engagement, le lui vend au comptant pour le prix de 70 francs ; celui-ci lui paye la somme et lui revend le titre pour fin du mois, au prix de 69 fr. 80 c. La différence de 20 centimes, qui est le bénéfice de Jacques reporté, forme le déport. Nous pourrions citer d'autres cas.

[2] Art. 1590 du Code Nap. — *Bourses de comm.*, n° 451.

tion. Nous pensons, toutefois, que la loi ne s'oppose point à ce résultat, lorsque, par une rare exception, telle a été la convention expresse des parties : *sic voluère*.

4° Il est, enfin, une autre clause reçue dans les marchés à terme, de tout temps, et d'après laquelle on stipule que l'acheteur a le droit de devancer le terme, à sa *volonté*, pour lever l'effet vendu en acquittant le prix convenu [1]. L'ESCOMPTE, c'est ainsi que l'on nomme l'exercice de cette faculté pour l'acheteur, est accepté dans le Report, parce qu'à la différence de la prime il exécute le marché, au lieu de le résoudre. Celui qui a revendu à terme pour la consommation du Report, sait qu'il doit se tenir prêt à une livraison anticipée, puisqu'il s'y est obligé; et d'autre part, le cas échéant, il profitera du payement immédiat du prix, en livrant immédiatement l'effet. Il pourrait même réemployer son argent pour contracter un autre Report au même terme fin du mois courant, et au moyen de deux nouveaux marchés. S'il réalise ainsi deux plus-values ou bénéfices dans le même mois, nous verrons qu'il ne sort point de la légalité et ne commet aucune usure.

V

Voilà, dans sa plus grande précision, le mode suivant lequel les Reports s'opèrent, et nous croyons, sans système ni parti pris, pouvoir conclure dès à

---

[1] Sauf la notification d'usage faite par lui à son vendeur.

présent que l'on ne saurait contester leur validité.
Il n'est pas même nécessaire, pour le décider ainsi,
de réputer les arrêts du Conseil abrogés par le Code
pénal, puisque le marché au comptant et le marché
à terme qui composent le Report se consomment par
la livraison et le payement matériels des titres.

Il ne suffit donc pas de reconnaître, ainsi que le
fait l'auteur du *Spéculateur à la Bourse*[1], qu'en
principe les Reports sont *relativement* honnêtes:
il faut dire qu'ils le sont ABSOLUMENT. Point de restriction, point d'équivoque.

Exécutée autrement, l'opération pourrait être très
légale, mais elle ne constituerait plus un Report: ce
serait un marché ordinaire isolé, à terme ou au
comptant.

VI

L'exécution du Report présente souvent une difficulté sérieuse.

Nous venons de constater que les Reports se réa-
lisent par des levées de titres et des payements d'argent. Pour le marché au comptant qui a précédé la
fin du mois, cette réalisation se consomme, dans le
délai légal[2], entre les deux agents de change qui ont
été employés à l'achat et à la vente. Quant au marché à terme qui est le complément du Report, l'exécution s'opère, presque toujours, suivant une autre
expression usitée, en LIQUIDATION, à la fin du mois

[1] Voy. p. 91, 4e édit.
[2] Voy. *suprà*, p. 25.

convenu. Personne n'ignore que la liquidation générale des marchés à terme, conclus à la Bourse
pendant la durée de chaque mois, a lieu dans les
quatre jours qui suivent l'expiration de ce mois.
C'est là, sous la surveillance de la Chambre syndicale, que ces sortes d'affaires, les Reports compris,
se règlent par des payements et des livraisons, directs ou indirects, c'est-à-dire effectués soit par les
agents de change qui ont traité entre eux, soit par
les agents qui ont stipulé pour d'autres clients, vendeurs ou acheteurs à terme. Il s'établit alors entre
tous les membres de la Compagnie un compte général, dans lequel leurs achats et leurs ventes à terme
se règlent par voie de crédit et de débit, avec délégation ou compensation réciproque et avec solde
définitif en valeurs ou en argent au profit de qui de
droit d'entre eux. Chaque effet public étant identique avec tous ceux de la même sorte, malgré la différence de leurs séries ou numéros, il importe peu
que ce soit Jacques, agent de change vendeur à
terme, qui livre à Pierre, autre agent son acheteur,
le titre vendu à celui-ci par Paul, leur confrère [1].
Les effets sont une sorte de monnaie; il suffit que
chacun soit en définitive payé, s'il est vendeur; livré,
s'il est acheteur, et cela jusqu'à concurrence seulement de l'excédant qui, après la balance générale,
lui reste dû en argent ou en titres. Or, manifeste-

---

[1] Voy. *Bourses de comm.*, n° 691. Les livraisons et les payements
opérés de cette manière dans une liquidation s'élèvent quelquefois à
des sommes énormes.

ment, ce mode de procéder ne compromet point la validité du Report, puisqu'en dernière analyse il est exécuté, pour la totalité, par une livraison et un payement réels et immédiats. Tel est le cas ordinaire.

Mais souvent, et c'est là que naît notre difficulté, les parties, c'est-à-dire le reporté, acheteur, et son vendeur, le reporteur, conviennent, dans les liquidations générales, que le Report sera continué au mois suivant, sans livraison ni payement réels des effets, après seulement que le prix du précédent Report, c'est-à-dire la différence existant entre le chiffre du marché au comptant et celui du marché à terme qui avaient formé ce Report, aura été acquitté [1].

Ainsi, dans la première de nos deux espèces [2], Paul a pris livraison de la rente achetée par lui au comptant, et il l'a revendue à Pierre pour fin du mois de mars. Au lieu de la lui livrer, il convient avec Pierre, à l'échéance du terme, qu'ils liquideront leur marché sans livraison de la rente et que le Report sera continué entre eux. En conséquence, Paul, qui va conserver cette rente inscrite sous ses noms, rachète une même rente de Pierre, en liquidation,

---

[1] Le cours dit DE COMPENSATION qui sert à opérer la liquidation générale est autre chose que le prix du Report. Il s'applique à tous les marchés conclus pendant le mois, et il est déterminé, sur une moyenne, par les agents de change réunis. A la différence du cours de compensation, le prix du Report a été fixé invariablement par les parties elles-mêmes, au moment des marchés.

[2] Voy. *suprà*, p. 30.

au cours comptant de ce jour. Cette rente n'est ni livrée ni payée, et il la lui revend au même instant pour la fin du mois d'avril, à un prix nouveau dont ils conviennent. Un compte s'établit dans la même liquidation de mars, et Pierre lui paye le prix du Report, soit la différence de prix qui existait entre les deux premiers marchés. La deuxième opération qui a continué le Report se réalisera, ou se liquidera de même, à la fin d'avril, dans la liquidation générale de ce mois, et selon le chiffre des deux nouveaux marchés.

Dans la seconde espèce, où Pierre est acheteur d'une rente fin d'avril, il convient, lors de la liquidation de ce mois, avec Jean, son vendeur, que leur marché à terme sera résilié et liquidé sans livraison de la rente vendue. Alors celui-ci rachète la même rente en liquidation au comptant et la revend à Pierre, pour la fin de mai, au nouveau prix fixé entre eux [1]. La différence entre le prix de l'achat au comptant et le prix en liquidation de la revente avec Paul, fin du premier mois, sera payée par lui à Jean. A la fin du mois suivant (mai), la continuation du Report ainsi exécutée se réalise, ou se liquidera, entre Pierre et Jean, d'après le chiffre des deux derniers marchés, et la différence lui sera payée.

Dans les deux espèces, le rachat fait au comptant, en liquidation, est réputé par la pratique équivaloir

---

[1] Ce prix à terme pourrait, dans les deux espèces, être celui de compensation, si telle a été la *convention* des parties. Voy. la note ci-dessus, p. 41.

au marché au comptant qui forme le premier des deux éléments constitutifs du Report.

Une considération grave influe pour déterminer les parties à traiter ainsi. Elles évitent les retards, les formalités d'exécution, les frais qu'auraient nécessairement occasionnés l'achat, la levée, le payement des effets, et l'on sait que toutes entraves ne sont pas moins gênantes pour la finance que pour le commerce.

Or, cette manière d'opérer qui *modifie* l'exécution littérale du contrat de Report, en dispensant les parties de lever et de payer l'effet immédiatement, est-elle légale ou bien au contraire ne doit-elle pas imprimer à la convention un caractère de simulation et de jeu? Nous avons dit que la jurisprudence qui, faute d'une loi précise, régit à présent les marchés à terme ordinaires, attribue aux tribunaux le droit absolu d'apprécier leur sincérité ou leur fiction, d'après les circonstances et les documents du procès. Par identité de motifs, nous pensons qu'elle leur a virtuellement conféré cette appréciation à l'égard de la *modification* des Reports contractés à l'aide des marchés à terme, et que la modification devra être consacrée, toutes les fois qu'elle ne portera point atteinte au caractère sérieux de l'opération. Si deux parties ont fait entre elles une convention exécutable dans un délai donné pour un objet quelconque, bail, échange, prêt, nantissement, etc., il leur est permis, par le droit général, de résoudre ou d'annuler cette convention en son entier, lors du terme ou avant le terme, moyennant une indemnité débattue entre eux ou même sans indemnité. C'est la conséquence du principe de liberté inhérent à tous les contrats, à moins d'une prohibition expresse de la loi. Pourquoi en serait-il autrement pour une modification partielle des Reports, lorsqu'elle est agréée par les deux parties et que la condition de réalité existe ?

Dans la première de nos deux espèces, l'exécution de la continuation du Report est encore assurée par la présence persistante de l'effet aux mains du reporteur.

Nous nous empressons néanmoins de reconnaître que ces règlements modificatifs qui ont lieu dans chaque liquidation générale sont de nature à offrir des incertitudes graves sur la réalité des opérations ainsi liquidées. Malgré toute leur attention, il serait difficile, sinon impossible pour les magistrats, de démêler la vérité, s'ils étaient tenus d'examiner l'immensité de ces affaires et de vérifier l'origine de chacune d'elles. Mais il leur suffit, à notre sens, de juger l'opération du Report dont il s'agit devant eux, en la considérant individuellement, isolément, et d'après les éléments qui l'ont produite entre les deux parties plaidantes, à savoir : leur situation pécuniaire et leur bonne ou mauvaise foi, au moment du contrat soit primitif, soit renouvelé, c'est-à-dire lors de la liquidation générale où il a été conclu. On comprend que cette manière d'opérer est la plus commode pour ceux qui jouent au moyen des Reports, et c'est aussi pourquoi l'appréciation judiciaire devient d'autant plus délicate.

VII

Il me reste à réfuter l'objection qui incrimine la nature ou la cause du Report.

Une lutte très-vive s'est engagée à ce sujet dans un journal qui, malgré l'apparence de son titre, n'est point étranger à la politique [1]. L'un [2] des deux adversaires m'ayant fait l'honneur de citer mon opinion favorable aux Reports [3], l'autre, partisan enthousiaste des anciens arrêts du Conseil sur les marchés à terme, répliqua qu'elle était une erreur manifeste, compromettante, et que, sans le vouloir, j'avais préconisé l'usure dont toutes ou presque toutes ces opérations sont empreintes. « Vous appelez *bénéfice*, s'écriait-il, la différence en plus qui existe entre le prix de l'effet revendu à terme et le prix de la première vente opérée au comptant, différence touchée par celui qui a fourni les fonds pour consommer le Report; mais ce prétendu bénéfice n'est que l'*intérêt* de la somme fournie, et il dépasse le taux *légal*. Le reporteur a voulu prêter un capital sous la forme simulée de deux marchés qui n'en font qu'un en réalité, parce qu'ils ont eu lieu au

---

[1] L'*Ami de la Religion*. Voy., en 1848, les numéros 6186 et suivants, notamment le numéro 6252.

[2] N° 480, M. l'abbé Corbière.

[3] Voy. *Bourses de comm.*, p. 380.

même moment et en vue du prêt. La rente achetée
n'a jamais été à lui, elle n'a été pour lui qu'un nantissement. Ou bien, l'opération recèle, soit une vente
à réméré déguisée, soit une reproduction de l'ancien *mohatra*, proscrit par tous les casuistes et tous
les jurisconsultes [1]. » À en croire un antagoniste
encore plus ardent, celui-là même qui, par une
contradiction singulière, a donné au Report le té-
moignage d'une honnêteté *relative*, le reporteur,
« disciple fidèle des R. P. Escobar et Lessius, qu'il
ne connaît guère sans doute, prêterait ainsi jusqu'à 30 et 50 pour 100 [2]. »

L'objection tomberait d'elle-même et tout entière
s'il était vrai, comme l'annonçait un journal [3], il y
a quelques mois, qu'un projet de loi doive proposer
l'abrogation de la loi du 5 septembre 1807, en laissant toute latitude aux stipulations sur le taux de

[1] Voy. Pothier, *C. de vente*, n° 28.
[2] *Le Spéculateur à la Bourse*, p. 89.
[3] Voy. le *Constitutionnel* du 20 octobre 1860.
On peut consulter à ce sujet la dissertation de M. Duvergier dans
son Traité du *Prêt à intérêt*, n° 247 et suiv.

Le décret du 2 octobre 1789 avant permis de stipuler des intérêts,
en ajoutant : « sans entendre innover aux usages du commerce. » La
loi du 6 floréal an III déclara l'*argent monnayé marchandise*. Puis
arriva la loi actuelle limitant le taux de l'intérêt. On lit dans l'exposé
des motifs au Corps législatif : « Il suffit, pour se décider de jeter les
« yeux sur les maux qu'a produits et que produit encore l'arbitraire
« dans les stipulations. Il est reconnu que le taux excessif de l'intérêt
« de l'argent attaque la propriété dans ses fondements, qu'il mine
« l'agriculture ; qu'il empêche le propriétaire de faire des améliora-
« tions utiles ; qu'il corrompt les véritables sources de l'industrie ;
« que, par la pernicieuse facilité de procurer des gains considérables,
« il détourne les citoyens des professions utiles et modestes : enfin, il
« tend à ruiner des familles entières et à y porter le désespoir. »

l'intérêt. Mais je n'insisterai pas sur cette solution : elle m'est inutile, et le dire du journaliste n'a aucune certitude. Je soutiens que, de fait et légalement, le Report n'est ni une vente à réméré, ni un mohatra, ni un prêt déguisé avec nantissement et usure. Il ne serait pas même exact de reconnaître que le Report constitue « une sorte de placement à intérêt. »

1° Le Report ne saurait être une vente à réméré déguisée, car il est formé par deux ventes séparées et successives, tandis que la vente à réméré n'admet qu'une *seule* vente résoluble dans le délai convenu et qui s'efface si le retrait s'opère. Pour qu'il y ait simulation par imitation d'un contrat quelconque, il faut avant tout que le mode qui est propre à ce contrat ait été adopté par le fraudeur. Et, du reste, le reproche de simulation n'aurait pas de portée, puisque, si la vente à réméré était autrefois interdite comme réputée usuraire, les articles 1659 et suivants du Code Napoléon l'ont validée en termes exprès.

2° Le Report n'est pas l'ancien mohatra, car ce pacte, au nom barbare, quel qu'en soit l'inventeur, avait été imaginé pour éluder la loi, alors qu'elle défendait sans restriction le prêt à intérêt : il a cessé d'exister avec cette loi prohibitive. L'espèce du mohatra, qui s'appliquait aussi aux immeubles, était celle-ci pour les meubles : « Quand un homme a « affaire de 20 pistoles, il achète d'un marchand des « étoffes pour 30 pistoles payables dans un an, et il « les lui revend à l'instant même pour 20 pistoles

« comptant. » Le marchand *ne livrait point les étoffes* et il n'y avait ni vente ni revente réelles, mais un prêt à intérêt déguisé et énormément usuraire, cela était manifeste. L'auteur du *Spéculateur à la Bourse* ajoute qu'à l'inverse du mohatra (et dans le même but) « le reporteur achète des valeurs comptant et *à bon marché*, pour les revendre au même instant et à la même personne *chèrement* et à crédit. » Il suffirait de répondre à cette autre allégation, qu'elle est purement imaginaire, que le reporteur ne vend ni n'achète les effets à bon marché et qu'il ne les revend ni ne les rachète chèrement, mais sur le parquet, aux enchères, et selon la mercuriale authentique de la Bourse ; que ces opérations se contractent, non par les parties elles-mêmes qui ne se connaissent pas, mais par l'intermédiaire de leurs agents de change respectifs. Cependant Marcadé suppose que le mohatra peut encore se rencontrer aujourd'hui [1]. Soit ; nous sommes loin de prétendre qu'il ne se pratique pas de simulations frauduleuses sur l'excédant illégal d'intérêt, comme autrefois il s'en faisait sur l'intérêt qui était prohibé. Mais les deux espèces citées par le savant auteur n'ont aucune similitude avec le Report, dont il ne s'inquiète pas.

3° Le Report n'est pas un prêt à intérêt.

Qui voyons-nous, en effet, figurer dans les deux marchés constituant le Report ? *Un acheteur* et *un vendeur* de certains titres publics. Il n'y est parlé

[1] Vol. VI, p. 144.

ni d'emprunteur ni de prêteur, bien que la routine paraisse quelquefois admettre le contraire. Il n'y est pas question non plus d'intérêt à payer, ni d'un nantissement fourni.

L'esprit du contrat en démentirait-il la lettre ? Existerait-il entre les parties contractantes une simulation quelconque ? Non. La simulation ne se présume pas, et bien au contraire tout l'exclut ici. Le prêt et le Report sont séparés par des différences énormes, il suffit de relever les plus saillantes : 1° Pour le Report *régulier*, il faut, comme nous l'avons dit, qu'il y ait et un achat et une vente sérieux dans chacun des deux marchés qui l'établissent. Le premier marché, celui au comptant, amène la livraison immédiate du titre vendu et le payement immédiat de son prix ; le second marché, celui à terme, n'est réputé valable qu'autant qu'il y a *certitude suffisante* que la livraison et le payement du titre revendu *auront lieu* au terme convenu, c'est-à-dire à la fin du mois. 2° Dans le prêt ordinaire, le prêteur connaît l'emprunteur ; il peut apprécier sa solvabilité et lui demander telle caution, un gage double, triple, sinon il ne prêtera pas. Dans le Report, le reporteur, qu'on dit être le prêteur, ne connaît pas celui avec lequel il traite, il est tenu d'accepter son agent de change pour garant ou il n'aura pas de garant. Il ne reçoit pas de nantissement. 3° Le prêteur ne peut réclamer en justice contre l'emprunteur que la restitution du capital prêté et les intérêts légaux, sans plus (art. 1153, C. Nap.). Dans le Report, le reporteur a le droit de faire condamner le reporté, qui ne prend pas livraison des titres au terme, à en subir la revente à ses risques et périls, conformément au principe de la vente et avec tous dommages-intérêts appréciables, y compris le bénéfice du reporteur.

5° L'emprunteur n'a jamais rien à répéter au prêteur; le reporté, qu'on dit être l'emprunteur, est bien fondé lui-même, si lors du terme le reporteur ne lui livre pas les titres revendus, à l'actionner pour obtenir cette livraison avec tous les dommages-intérêts dus à un acheteur ordinaire.

Qu'importe la simultanéité qui est exigée pour les deux marchés opérant le Report, et de laquelle on voudrait induire la simulation? Est-ce que chacun de ces marchés n'a pas son existence individuelle et tout à fait incompatible avec le contrat de prêt? Quant à l'homogénéité de la chose deux fois vendue, elle est insignifiante pour le même motif.

Nous allons plus loin : le nantissement ne peut pas concourir avec ses effets légaux dans l'économie du Report. D'après le droit commun, le gage est inaliénable de la part du prêteur; il reste la propriété de l'emprunteur, il périt pour lui, suivant la maxime : *res perit domino*. Au contraire, le reporteur, que l'on veut assimiler au prêteur, est propriétaire du titre qu'il a acheté comptant du reporté, le prétendu emprunteur, et qu'il lui a revendu au même moment pour la fin du mois; si bien propriétaire, qu'il aurait le droit de vendre ce titre dans l'intervalle à un tiers, alors même que celui-ci connaîtrait l'existence du Report. Il suffirait ensuite, selon la jurisprudence constante, que le reporteur se mît en mesure de livrer un autre effet du même genre au reporté, lors du terme convenu entre eux, c'est-à-dire à la fin du mois. Par la même raison, si le titre que le reporteur a revendu venait à périr avant le terme, supposition difficile à admettre, j'en conviens, la perte serait pour lui et non pour son acheteur. L'article 1583 du Code Napoléon porte que la vente est parfaite entre les parties et la propriété acquise de droit à l'acheteur, dès qu'on est convenu de la chose et du prix, quoique cette chose n'ait pas encore été livrée ni le prix payé. Dira-t-on que, par suite, la perte comme la propriété du titre revendu doivent concerner le reporté, acheteur, dès le jour du marché ? Deux réponses : d'abord, il s'agit ici d'une chose *non déterminée* dans son individualité proprement dite, puisque le reporteur vendeur peut livrer telle ou telle rente sur l'État, telle ou telle action (de même quotité), quels que soient sa série et son numéro ; il y aurait donc lieu d'appliquer, non l'article 1583, mais l'article 1585, qui laisse cette chose indéterminée dans le domaine et aux risques du vendeur jusqu'au moment de la livraison. Enfin, et bien plus, les parties se trouvent régies par la loi spéciale. Or, aux termes du décret du 13 thermidor an XIII, art. 1er, la rente vendue ne devient la propriété de l'acheteur qu'après le transfert opéré conformément à ses dispositions. Jusque-là, ce dernier n'est pas *saisi* : le décret le déclare de la manière la plus formelle. Les actions de la Banque sont assimilées légalement aux rentes sur l'Etat, et il en doit être ainsi par analogie, d'après le droit commun lui-même, pour les actions susceptibles de transferts sur les registres d'une Compagnie ou par voie d'endossement.

A l'égard de la différence que le reporteur perçoit en définitive et que l'on veut appeler un *intérêt* ou un loyer d'argent le plus souvent usuraire, cette différence, que nous appelons, nous, le prix du Report ou un bénéfice, est la conséquence légale de l'*opération* d'achat et de revente qu'il a faite, la représentation légale aussi du risque qu'il a couru. Le bénéfice sur la revente de toute chose, même immobilière, n'est-il pas sans limites possibles au regard de l'acheteur? N'est-ce pas l'*alea* de toute spéculation? D'autre part, le reporteur s'est obligé envers le reporté à lui livrer le titre revendu à terme pour la fin du mois ; et nous avons vu que, si celui-ci qui ne prend pas livraison de ce titre et son agent de change qui l'a garanti [1] se trouvent insolvables, le reporteur perdra la dépréciation survenue dans l'effet qu'il est exposé à revendre à un autre par suite du refus de prendre livraison. Ces deux raisons ne suffisent-elles donc pas pour motiver légalement le prix du Report, quel que soit le bénéfice qui en résulte?

Je pourrais ajouter, si je ne tenais pas à renfermer

[1] Aujourd'hui, cette garantie est généralement exigée de l'agent pour les marchés à terme.

ma réponse dans le droit strict : Quelqu'un se plaint-il de ces stipulations fréquentes qui ressemblent si fort au prêt et par lesquelles les Compagnies de chemins de fer, notamment, promettent un intérêt de 5 pour 100 sur des obligations au capital nominal de 300 francs, qu'elles émettent à 260 francs et qu'elles remboursent à 500 francs? Réclame-t-on contre les primes énormes et éventuelles qui, par un tirage au sort, sont offertes aux parties prenantes [1]? etc.

En présence de nos anciennes lois, qui défendaient la stipulation de tout intérêt d'après le principe de charité, *mutuum date, indè nihil sperantes*, Montesquieu avait exprimé son dissentiment dans ces termes : « C'est bien une action très-bonne de prêter à « un autre son argent sans intérêt, mais on sent que « ce ne peut être qu'un conseil de religion et non « une loi civile [2]. » Son opinion a fini par prévaloir avec d'autres temps, et la religion ne s'en est point émue. Si la loi a fixé de sages limites au taux de l'intérêt, il serait contraire à la justice et à la raison de réputer simulés et usuraires des contrats, celui de Report en particulier, qui, revêtant des formes spéciales et exceptionnelles, sans avoir rien de commun avec le prêt à intérêt, entraînent des chances de gain ou de perte pour les opérations les plus honnêtes. Il ne faut pas, en oubliant les pertes, suspecter

[1] La Turquie offre en ce moment chez nous, à des Français, 9 1/2 d'intérêt par an. — Et la Banque de France nous prête à 7 pour 100, pour que, dit-elle, son *numéraire* ne lui soit pas enlevé au profit de l'étranger !

[2] *Esprit des lois*, liv. XXII, ch. xix.

toujours les bénéfices, parce qu'ils ont été obtenus à la Bourse.

Enfin l'objection d'usure pécherait très-souvent par le fait. Le courtage payé par le reporteur à son agent de change diminue d'autant le prix du Report. Le reporté ne peut pas, pour arriver à l'usure, ajouter à ce prix le courtage acquitté par lui, pas plus que les frais du contrat de prêt ne s'ajoutent à l'intérêt du capital prêté. Nous rappelons que la portion d'arrérages courue pendant la durée du terme entre dans le prix du Report. Si l'opération était un acte de commerce, elle comporterait l'intérêt commercial. Il faudrait, de plus, allouer à un banquier reporteur les droits légaux de commission. Il n'est pas rare, enfin, que le Report se trouve coté au-dessous de l'intérêt civil, par l'effet de l'exubérance des capitaux sur la place[1]. Et chacun sait que, dans cette situation, les maisons de crédit abaissent elles-mêmes l'intérêt de leurs avances.

VIII

Je dois encore mentionner, pour ne rien omettre, un procédé qui s'est introduit à la Bourse et que je n'hésite point à désapprouver, parce qu'il présente des inconvénients ou des difficultés graves. Quelquefois plusieurs clients du même agent de change qui n'ont que de faibles capitaux ou que quelques

[1] C'est ce qui se produit le plus souvent.

effets au porteur veulent, eux aussi, faire des Reports, et ils groupent leurs fonds ou leurs titres jusqu'à concurrence de la somme nécessaire, d'après les règlements intérieurs de la Bourse. Le Report se conclut au nom d'un seul des clients, les autres sont réputés se livrer à sa foi ou plutôt à celle de l'agent. Cette opération sera régulière au fond et en la forme, si elle se traite dans les conditions et suivant le mode indiqués plus haut ; mais elle est reprochable en ce qu'elle entraîne vers la spéculation mauvaise, si voisine de la bonne, des hommes peu aisés, petits marchands, petits rentiers, ouvriers, serviteurs. Tentés par un premier gain, ils en convoiteront bientôt un nouveau et viendront livrer le fruit de leurs pénibles économies, leur existence et celle de leurs familles aux chances d'autres spéculations, qui seront cette fois fictives et illicites. C'est ici que l'on aperçoit un exemple effrayant du danger de l'opinion irréfléchie, si elle n'est pas intéressée, qui semble appeler tout le monde à la Bourse, en la montrant comme la porte qui mène à la fortune[1]! Pourquoi n'y convierait-on pas aussi les femmes, que la sagesse des anciens règlements en a toujours exclues! J'ajoute, en exprimant toute ma pensée, que l'agent de change lui-même est répréhensible, puisqu'il ne dira pas avec vérité que l'acheteur ou le vendeur est *seul* intéressé dans l'affaire. La mention sur les registres de cet agent ne sera pas exacte non plus. On

---

[1] Lettres déjà citées, p. 10.

se rappelle les critiques récentes et regrettables qui se sont élevées au sujet de pareilles irrégularités dans ses écritures [1]. Quelque innocente que soit la simulation, elle n'est jamais permise à un officier public. Il peut survenir aussi des contestations imprévues entre les clients associés, sur le règlement de leurs intérêts individuels.

IX

Avons-nous besoin de constater, en finissant, que la jurisprudence, qui a validé les marchés à terme ordinaires reconnus sérieux, a consacré par les mêmes motifs les Reports, en particulier, puisqu'ils se forment par la combinaison de ces marchés avec ceux au comptant? C'est ce qui a été jugé unanimement par l'arrêt *Collot* déjà cité et par beaucoup d'autres arrêts postérieurs [2]. Telle est aussi l'opinion de M. le président Troplong [3].

Mais, en dehors des conditions de légalité que nous avons établies, les prétendus Reports ne sont plus qu'un simulacre frauduleux et une fausse dénomination servant à spéculer sur des différences de cours, c'est-à-dire à masquer des jeux de Bourse. Si nous avons cru devoir invoquer la conscience des juges en faveur de la bonne foi des parties, nous

[1] Procès Giblain. Voy. *le Droit* du 28 et jours suivants de décembre 1859.

[2] Voy. la note sur l'arrêt de Paris du 27 novembre 1858 ; Sirey, 1859, 2° partie, p. 81.

[3] *Contrats aléatoires*, loc. cit.

nous associerons à eux avec le même scrupule pour l'annulation de ces marchés déplorables. Nous savons ce que prouvent les bordereaux de négociations qui sont produits dans certains procès et qui se chiffrent par des millions, en quelques mois. La nullité de tels pactes réprouvés par la loi et la morale est absolue, radicale, et la jurisprudence l'a encore unanimement reconnu par de nombreux arrêts à l'égard des Reports. Les tribunaux sont aussi constitués par elle juges souverains de la fraude[1].

Vainement des couvertures auront été remises par les parties à leurs agents de change. Elles ne démontrent point la légalité de l'opération, si sa réalité n'est pas certifiée par des preuves complètes et positives. Elles révèlent quelquefois le jeu, en manifestant une précaution excessive prise contre le risque.

Enfin la même jurisprudence refuse aux joueurs, pour les Reports comme pour les marchés à terme fictifs, une action en payement des sommes gagnées[2], une action en répétition des sommes payées.

Ces points de doctrine ne sont pas moins incontestables que ceux qui touchent à la validité des Reports sérieux et vrais.

---

[1] Voy., notamment, arrêts de cassation des 1er et 2 août 1859 ; Sirey, 1859, 1re partie, p. 519 ; la note de l'arrêtiste ; et jugement du tribunal de la Seine du 25 juillet 1860, journal *le Droit* du 1er août suivant.

[2] On s'est demandé si la crainte d'une poursuite judiciaire ne serait pas un frein plus puissant contre le jeu : les joueurs qui perdent ne payent pas toujours, se souciant peu du reproche d'indélicatesse.

X

Que conclure de toutes nos observations? Le voici, en résumé :

Le mécanisme des Reports réguliers étant bien entendu, supposez qu'il soit mis en action par des hommes intelligents et honnêtes, — l'habileté n'exclut pas la probité dans les affaires, — et vous verrez se réaliser à la Bourse tous les avantages financiers dont j'ai parlé en commençant. Le marché au comptant n'est possible qu'à celui qui a l'effet ou l'argent dans sa main. Le marché à terme le plus légal présente l'incertitude qui s'attache naturellement à une exécution différée. Abandonnés à eux-mêmes, faute d'acheteurs et de vendeurs en nombre suffisant, les effets finiraient par rester ignorés et tomberaient dans une dépréciation funeste. Les capitaux non employés du commerce, dans un temps de stagnation ou de défaillance, seraient pour lui une véritable charge sans aucun profit. Eh bien! le Report, en mariant par une heureuse combinaison le marché au comptant et le marché à terme, assure la ponctuelle exécution de celui-ci, et il les multiplie tous les deux; il vivifie les titres et les capitaux, en les mettant les uns et les autres à la disposition des parties contractantes et avec d'autant plus de puissance, qu'il se renouvelle aussi longtemps que leur intérêt et leur volonté le réclament. Mais c'est surtout aux époques de crise qu'il intervient avec bonheur. Si, à la fin du mois, par suite d'une baisse ou d'une hausse excessive et inattendue, les titres à vendre ou les acheteurs pour les lever font défaut, ce qui est arrivé plus d'une fois [1], elles trouvent dans le Report une issue possible, une voie de salut, parce qu'il fournit le moyen de régler, avec une prorogation de terme, les négociations devenues immédiatement insolubles. A la vérité, c'est alors qu'a lieu le déport, qui fait peser sur l'une des parties une aggravation dans le prix du contrat, mais personne ne saurait la regretter. Et ne vous effrayez pas de cette impulsion si vive que le Report vient donner aux opérations de la Bourse : les agiotages à la manière de l'abbé d'Espagnac ne sont plus à redouter, depuis que les titres portés sur la cote sont si divers entre eux et si nombreux dans chacune de leurs espèces.

XI

La conclusion nous ramène au règlement projeté sur les marchés à terme et par conséquent sur les Reports.

Ce règlement, promis par le Code de commerce, a été sollicité par les agents de change de Paris pendant bien des années, et ils le réclament avec plus d'instance que jamais. Convient-il de demeurer dans le *statu quo*, en laissant aux tribunaux le soin de

[1] Notamment en 1830 et 1848.

maintenir par leur seule autorité, au milieu des
controverses sans cesse renaissantes, la jurisprudence qui leur attribue le droit de valider ou d'annuler les marchés à terme et les Reports, d'après leur
appréciation souveraine du *fait*, c'est-à-dire de la
situation et de l'intention des parties au moment de
ces actes ? Dans une matière où s'agitent des intérêts
si graves et si multipliés, où le crédit de l'Etat se
trouve souvent engagé, y aurait-il au contraire danger à édicter des dispositions prohibitives qui seraient de nature, peut-être, à apporter des entraves
dans les opérations de la Bourse les plus loyales ?
Les lumières et la sagesse du législateur doivent
d'abord prononcer sur ce point. — Nous demandons
pourtant la permission de lui soumettre quelques
observations respectueuses.

Certes, les tribunaux sont dignes de toute sa confiance et ils n'en déclineront pas les nobles devoirs ;
mais leur propre dignité et l'intérêt des plaideurs
ne nous semblent pas admettre qu'ici, dans une
matière spéciale, à une époque de paradoxe, le si-
lence du législateur s'en réfère à la seule conscience
du magistrat. Si la jurisprudence est la science des
lois, il faut, pour l'application exacte de ce principe
fondamental, que les lois soient complètes et claires
autant que possible. La conscience du juge ne le
préserve pas toujours de l'erreur, elle veut avoir un
guide infaillible, et ce guide ne peut être que la loi.
Le fait, si habile à se déguiser sous toutes les formes,
si habile à saisir et à s'approprier les émotions trom-

peuses, est parfois l'ennemi le plus dangereux du droit. De notre temps, il ne doit plus être permis aux justiciables de dire « qu'ils se défient de l'équité des tribunaux ! »

Il ne suffit pas que la loi pénale soit expresse, car elle n'a pas pour mission de réprimer toutes les fraudes commises à la Bourse.

Nous le répétons, dans ces sortes d'affaires, la fraude civile est bien près de la légalité, et il importe qu'une ligne de démarcation soit tracée.

Il est d'autres points contestés et importants que le règlement pourrait aussi fixer, parce qu'ils touchent eux-mêmes à la négociation des effets publics[1].

Il ne serait pas inutile enfin de s'occuper des sociétés d'agents de change. Elles viennent d'être frappées de nullité par un arrêt inattendu[2], alors que l'opinion contraire avait été consacrée par un arrêt précédent de la même Chambre, rendu il y a dix ans[3] et constamment exécuté depuis. Nous reconnaissons que les circonstances fâcheuses du dernier procès et les désordres extérieurs de la Bourse ont dû produire une impression pénible sur l'esprit des nou-

---

[1] Tels que l'étendue de la responsabilité des agents de change dans la négociation des effets publics, nominatifs et au porteur ; — le caractère de leurs livres ; — les cas de destitution ; — la revendication d'effets perdus ou volés ; — le droit des créanciers de succession bénéficiaire, des syndics de faillite et de tous les administrateurs judiciaires sur les rentes ordinaires ; — les rentes dotales, etc.

[3] Du 10 mai 1860. Voy. *le Droit*, numéro du 11 mai.

[2] Le 15 juin 1850. Voy. *Bourses de comm.*, p. 508.

veaux magistrats ; mais le droit qui constitue le fond de la discussion n'a pas changé, et le litige se reproduira un jour sur ce point. En fait, deux autres observations : 1° Il est constant que les agents de change de Paris ont eu des associés depuis la loi de 1819, qui les a déclarés propriétaires de leurs charges. Lorsqu'elles ne valaient que 400,000 à 500,000 francs, on comptait à peine deux ou trois agents qui les possédassent en totalité : tous les autres avaient des associés. 2° Il n'est pas moins certain que l'administration des finances, qui tient les agents de change sous sa tutelle, a tacitement approuvé ou toléré leurs sociétés, depuis comme avant l'augmentation des charges [1]. Est-il possible qu'un tel désaccord continue de subsister entre l'autorité judiciaire, et, d'autre part, l'empire du fait, les conséquences de la loi organique, la pensée de l'administration supérieure ? Il faudrait tout au moins assigner des conditions spéciales à cette espèce de société. Il s'agit d'une question de vie ou de mort pour la profession.

On peut, ce nous semble, remédier avec succès à tous les abus.

En l'an III, le législateur avait cru extirper pour toujours l'agiotage, en attachant l'agioteur au pilori [2], et l'agiotage a persisté avec la même violence. Notre gouvernement, mieux inspiré, mieux éclairé, mettra en pratique cette sage maxime : « Il ne faut point

---

[1] Les actes de société sont soumis au ministre, avant la nomination de l'agent.

[2] Loi du 15 fructidor an III, art. 5.

mener les hommes par les voies extrêmes [1]. » Avec
un règlement qui apporterait au civil des dispositions complémentaires et explicites, sévères dans une
juste mesure, les conditions substantielles de la profession d'agent de change seraient désormais obéies,
les affaires malhonnêtes proscrites ou de beaucoup
diminuées, et les affaires sérieuses s'en accroîtraient
d'autant. Officiers publics et clients, tous connaîtront
leurs droits et leurs obligations. La Chambre syndicale, dont il est possible d'augmenter l'autorité dis-
ciplinaire, saura ce qu'elle doit conseiller, ce qu'elle
doit défendre aux membres de la compagnie; elle
remplira sa mission en usant de vigilance et de fermeté, *intra muros et extra*, et il n'y aura plus de
prétexte pour pallier les torts, de quelque côté qu'ils
se produisent. Les précautions du législateur ne
peuvent pas nuire au bien, en prévenant le mal avec
le tact dont il fait usage. En 1859, il a déjà rendu
un décret qui prouve sa sollicitude et sa prudence [2].
Aujourd'hui, la solution définitive a tant d'intérêt
qu'une haute volonté, nous l'espérons, ordonnera
qu'il soit statué dans un temps prochain. Les dispositions du règlement seront délicates à formuler,
sans doute, mais elle triomphera sans péril de toutes
les difficultés.

La France est grande par ses armes, ses alliances,
son commerce, son industrie, son crédit public;
elle deviendra plus grande encore par le perfection-

[1] *Esprit des lois*, liv. VI, ch. XII.
[2] L'institution des commis principaux.

nement de ses lois, de ses institutions et de ses mœurs. Ce sont là les caractères auxquels on doit reconnaître aujourd'hui la véritable supériorité parmi les nations.

OUVRAGES DU MÊME AUTEUR.

Bourses de commerce, où sont expliquées les règles sur la profession des agents de change et des courtiers, et toutes les opérations qui se traitent à la Bourse. 3e édition. 2 vol. in-8 (1852).

Compétence des Conseils de prud'hommes. 1 vol. in-8 (1842).

Contrat d'apprentissage. 2e édition. 1 vol. in-12 (1847).

Louage d'ouvrage et d'industrie. 2e édition. 1 vol. in-12 (1847).

Justice industrielle. 1 vol. in-12 (1847).

Nota. Ces trois derniers ouvrages ont été approuvés par l'Université et adoptés par l'ancien Comité central d'instruction primaire de Paris.

Code de l'ouvrier, où sont expliqués les droits, devoirs professionnels, et toutes les institutions ouvrières. 1 vol. in-18 (1856).

Règles sur la profession d'avocat. 1 vol. in-8 (1842).

Abrégé des mêmes règles. 1 vol. in-12 (1852).

Liquidations judiciaires. 1 vol. in-18 (1858). Chez DURAND, libraire, rue des Grès-Sorbonne, 7.